समझो तो जानो

Poetry

Hemani Sharma

BookLeaf Publishing
India | USA | UK

Made with ❤ on the BookLeaf Publishing Platform
www.bookleafpub.in
www.bookleafpub.com

Dedication

यह पुस्तक कविता प्रेमियों को समर्पित है।
ईश्वर करे, एक दिन उन्हें उनका प्रेम और जीवन का उद्देश्य मिल जाए।

Preface

इस कविता-संग्रह को अलग-अलग हिस्सों में इसलिए बांटा गया है, ताकि आप आस्था, रिश्तों और आत्म-संदेह की इस यात्रा को जीत, प्रेम और खुद के भीतर चल रहे संघर्षों के बीच पूरी तरह से समझ सकें।

मैंने इन कविताओं को कभी किताब के रूप में लिखने के लिए नहीं रचा था, लेकिन आज हम यहाँ हैं... और ये आपके सामने हैं।

उस यात्रा का आनंद लें, जिसे जीतने में मुझे कई साल लगे हैं।

Acknowledgements

यह किताब मेरे माता-पिता को, मुझे, और उन सभी लोगों को समर्पित है, जो खुद एक मिसाल बनकर दूसरों को प्यार पर विश्वास जगाते हैं और उनका जीवन बदल देते हैं ।

प्यार ही एक ऐसी चीज़ है जिससे दुनिया बदली जा सकती है। बेवजह किसी से प्यार करें ताकि आपकी वजह से किसी को ईश्वर पर भरोसा हो।

धन्यवाद।

हिमानी शर्मा

1. कुछ यादें

पुरानी कुछ यादें जुड़ी हैं तुमसे एक जमाने से,
मैं छुड़ाने की कोशिश कर रही हूँ एक ज़माने से।
खुद ही से हारना हर रोज़ कितना अच्छा लगता है,
एक अरसा हो गया उसे देखे हुए फिर भी उसका चेहरा अपना-सा लगता है।
कुछ लम्हे, कुछ बातें, तेरी यादें सब भूल गई हूं,
तुझे लिखने बैठी हूं और खुद को ही भूल गई हूं।

2. कुछ खास नहीं है

कुछ खास नहीं है कहने को,
बस मेरी खामोशी की दास्तान समझ जाओ।
कुछ खास नहीं है जताने को,
बस मेरी आँखों में छुपा अरमान समझ जाओ।
कुछ खास नहीं है बताने को,
बस मेरे होठों पर रुका तुम्हारा नाम समझ जाओ।
कुछ खास नहीं है दिखाने को,
बस मेरी पलकों में छुपा इज़हार समझ जाओ।
और कुछ खास नहीं है मोहब्बत,
बस मैं तुम्हें और तुम मुझे समझ जाओ।

3. एक शख्स

कोई तो एक शख्स ऐसा हो,
जिसके साथ न किसी की बुराई हो और न किसी की शिकायत हो।
जिसके साथ न बीते हुए कल का कोई गम हो, और न ही आने वाले कल की कोई ख्वाहिश।
जिसे देखकर लगे कि वक्त थम सा गया है।
जिसकी आंखों में देखकर कह सकूं, कि सुना तो था मोहब्बत क्या होती है, अब तुम्हें देखकर उसका एहसास भी होता है।

4. मुमकिन नहीं

तेरा मुझसे मिलना मुमकिन नहीं, यह मैं जानता हूं।
फिर भी क्यों तुझे पाने की एक ख्वाहिश सी है?
खुद को फिर से नहीं तोड़ पाऊंगा ,यह भी जानता हूं,
कुछ वक्त बाद रास्ते अलग हो जाएंगे, यह भी मानता हूं।
चल, सब कुछ भुलाकर सारी ज़िंदगी को दो दिन में जी लें।
हम दोनों के जितने भी दर्द हैं, उन्हें आंखों से ही पी लें।
मैं ज़्यादा खामोश रहता हूं, तुम कुछ बातें करके मुझे हंसाती रहना।
नासमझ लगती हो, लेकिन फिर भी मेरी गलतियां बार बार मुझे
समझाती रहना।
आने वाला कल कैसा होगा, यह मालूम नहीं, बस तेरे साथ यह पल मैं
गवाना नहीं चाहता।
तुम समझती हो ना मुझे, बस इतना काफ़ी है, अब औरों को समझाना
नहीं चाहता!

5. मेरा अपना है वो

मेरा अपना है वह, उसे रुलाऊँ कैसे?
लेकिन खुद पर जो बीती है, उसे भुलाऊँ कैसे?
प्यार के बदले जो आँखों में मिले हैं आँसू, उन्हें छुपाऊँ कैसे?
ख्वाबों में भी जब दर्द है, तो फिर हकीकत में मुस्कुराऊँ कैसे?
बहुत दूर जा चुका है वह, तो फिर उसे पास बुलाऊँ कैसे?
कहने को मेरा अपना है वह, तो फिर उसे रुलाऊँ कैसे?

6. उदास हो ?

यह दिल तुम्हारा भी तो कभी उदास होता होगा?
जिंदगी से लड़ने का कभी तो मन होता होगा?
काश ऐसा नहीं, वैसा होता तो अच्छा होता,
अपनी चीज़ का दूसरों से तुलना तो होगी ही।
कोई किसी के लिए रोता होगा,
या कोई तुम्हारे साथ रहकर रोता होगा।
शत है सर पे, खाने को रोटी है और सर पर छत, तो बेफिक्र होकर सो जाओ ...
क्योंकि इस ठंड में भी बाहर सड़क के किनारे कोई सोता होगा,
होंठों पर मुस्कान लिए, दिल में रोता होगा।
थोड़ा तो नरम हो जाते हैं खुद के साथ,
महंगी चीज़ें नहीं, महंगे दिल बनाते हैं।
जो किसी के दर्द में रो दे,
जो किसी की खुशी में मुस्कुरा दे,
जो किसी की मजबूरी में हिम्मत दिखा दे,
जो किसी की तकलीफ को सीने से लगा दे,
जो किसी के अकेलेपन को मिटा दे।
जो हक से कहे, "सब यहां मेरे अपने हैं,
और मेरे अपनों को उदास रहने का कोई हक नहीं है!"

7. सदा नहीं?

सदा नहीं रहता जवानी का हंसता हुआ रूप।
सदा नहीं रहता बुढ़ापा कुरूप।
सदा नहीं रहती तेज कड़कती हुई धूप।
सदा नहीं रहते गरजते हुए बादल।
सदा नहीं जलता मंदिर में दीपक।
सदा नहीं बजती कोई शहनाई।
सदा नहीं रहती कहीं उदासी छाई।
सदा नहीं रहती प्यार भरी बातें।
सदा नहीं रहती आंसू पोंछने वाली रातें।
सदा नहीं रहता जीवन।
सदा नहीं रहता मरण।
सदा नहीं हम।
सदा नहीं तुम।
सदा है आत्मा।
सदा है परमात्मा।

8. सुनो ना

मैं तुमसे कह सकूं एक ऐसी बात मेरे दिल में है
सुनो ना, एक जज्बात तुम्हारे लिए मेरे दिल में है
तुम्हें देख के आँखें बंद कर लेना,
देखो ना, पूरी कायनात मेरे दिल में है
इस भीड़ में क्या ढूंढ रहे हो,
तुम्हारे सुकून की मंजिल मेरे दिल में है
मैं तुम्हें कहूं क्या
एक बात मेरे दिल में है !

9. पीछे शूट गए

बड़ों की रंजिश में बच्चे पीछे छूट गए,
दिल जुड़ तो जाते, मगर पहले ही टूट गए।
माँ-बाप ने उम्र भर जो धन कमाया था,
वक़्त आने पर अपने बच्चों ही लूट गए।
ज़िन्दगी ने कुछ यूँ बदले ये रास्ते,
पैसे कमाने निकले, तो घर पीछे छूट गए।
लोगों से मैं अब इज़्ज़त क्यों मांगू,
जब मेरे अपने ही मुझसे रूठ गए।
घर से निकले थे नाम बनाने,
जिन्होंने नाम दिया था, वही पीछे छूट गए।

10. तुम मुस्कुरा के कहना, "नहीं।"

तुमसे मुलाकात कुछ इस तरह हुई...
ना कुछ पूछा गया और ना कुछ बताया गया।
वक्त गुज़रता गया और ज़िन्दगी आसान होती गई।
हाँ, मालूम है तुम मेरे कोई नहीं,
लेकिन कभी लगता है, ये वक्त थम जाए यहीं।
कभी इन रास्तों पर जब टकराएँगे कहीं,
तो अलविदा की जगह कहना, "ख्याल रखना अपना।"
मैं कहूँगी, "क्या? कुछ कहा तो नहीं?"
और... तुम मुस्कुरा के कहना, "नहीं।"

11. ख्वाबों में मेरे

तुम आज भी ख्वाबों में आते-जाते हो,
सुना है गैरों के साथ बहुत मुस्कुराते हो।
सामने से मुझे आते देख, नज़रें क्यों चुराते हो?
नाम ले कोई मेरा, तो अब भी शर्माते हो।
लोगों की महफिलों में मेरे किस्से सुनाते हो,
झूठ तो पहले भी बोलते थे जनाब,
सुना है अब झूठे मुस्कुराते भी हो,
भूलने की कोशिश कर रहे हो
क्यों हर बार यह भूल जाते हो ।

12. तेरी मेरी कहानी

तेरी-मेरी कहानी कुछ अलग सी है,
आँखों में ठहर जाए,एक ऐसे आंसू की तलब सी है।
बह गए आँखों से, तो इनका मोल कम हो जाएगा।
तुम जो रोओगे, तो उनका दिल कहीं खो जाएगा।
जज़बातों में आकर बह जाना, ये प्यार नहीं।
मैंने दूर से देखा था,मुझे बो लगे , पर अब बो नहीं।

13. अनकही सी मोहब्बत

मेरी अनकही सी मोहब्बत हो तुम,
किसी दास्ताँ की तरह मैं तुम्हें ये सुनाना चाहती हूँ।
अल्फ़ाज़ कम पड़ जाएँगे इतनी सारी बातें तुम्हें बताना चाहती हूँ,
तुम्हारी वो सादगी, तुम्हारा वो मुझे न देखना,
तुम्हारी तरह हर बात तुमसे छुपाना चाहती हूँ।
मेरी अनकही सी मोहब्बत हो तुम,
बस यही तुम्हें बताना चाहती हूँ।

14. कुछ नया

शाम को गुज़रते देख अक्सर सोचती हूँ,
सुबह का इंतज़ार किसको होता होगा?
नाकाम आशिक़ को,
या जिसका दिन बेकार गुज़रा है उसको?
फिर ख्याल आया कि सुबह का इंतज़ार तो सबको होता है,
जैसे अच्छे वक़्त का इंतज़ार हो।
सुबह कभी बुरी नहीं हो सकती,
वैसे कुछ नया हमेशा पुराने से बेहतर होगा।
कुछ छूटा है या फिर किसी का दिल टूटा है,
कुछ नया हमेशा कुछ पुराने से बेहतर होगा।

15. मौन की सुंदरता

इस मौन में खो जाना अच्छा लगता है,
जहाँ शब्दों की ज़रूरत नहीं होती।
क्या झूठ क्या सच, ये बग़ावत नहीं होती।
खो जाऊँ ख़ुद में तो ऐसा लगता है,
सच दिखता नहीं किसी को और झूठ बाज़ारों में बिकता है।
क्या समझाऊँ किसी को, बस ख़ामोश अच्छी हूँ,
क्या कहा, मैं बुरी हूँ? तो चलो मैं बुरी ही अच्छी हूँ।

16. अच्छा लगता है

आकाश की गहराई में खो जाना अच्छा लगता है
मैं चुप रह लू कोई बात नहीं, बो बोलता हुआ अच्छा लगता है
नीले रंग की चादर में जब तारे चमकते हैं तो अच्छा लगता है
सादा सा चेहरा है, लेकिन काजल उसकी आँखों में मुझसे ज्यादा
अच्छा लगता है
मैं तारीफ नहीं कर रही उसकी
ज़माना बुराई करता है उसकी, मुझे बो बुराई में भी अच्छा लगता है।
नजरे उठा के नहीं देखता
अपनी आँखों से पर्दा रखता है
बस इसलिए इतना अच्छा लगता है बो !

17. कुछ नए किस्से

कुछ नए किस्से लिखने जा रही हूँ,
दिल में ग़म है लेकिन होंठों से मुस्कुरा रही हूँ।
ये बड़े-बड़े ख्वाब लेकर जाना है कहाँ, पता नहीं, बस चले जा रही हूँ।
किसी ने एक रोज़ कहा था, कि सारे ख्वाब पूरे नहीं होते,
लेकिन मैं फिर भी देखे जा रही हूँ।
किस्से बहुत हो गए, अब मैं एक कहानी लिखने जा रही हूँ।

18. शायर बन जाना चाहती हूँ।

चलते-चलते जो रास्ते खो गए हैं,
मैं उन्हीं में लौट के जाना चाहती हूँ।
शायरी का तो मालूम नहीं, बस तेरे इश्क़ में
शायर बन जाना चाहती हूँ।

www.ingramcontent.com/pod-product-compliance
Lightning Source LLC
LaVergne TN
LVHW022033200926
848481LV00007B/2672
* 9 7 9 8 9 0 0 8 1 8 3 1 3 *